I0053965

Matthias Fiedler

Idee voor innovatieve vastgoedmatching: Vastgoed makelaardij eenvoudig gemaakt

Vastgoedmatching: Efficiënte, eenvoudige en professionele vastgoed makelaardij met een innovatief vastgoedmatching portaal

Impressum

Eerste uitgave als gedrukt boek | Februari 2017
(Oorspronkelijk gepubliceerd in het Duits, december 2016)

© 2016 Matthias Fiedler

Matthias Fiedler
Erika-von-Brockdorff-Str. 19
41352 Korschenbroich
Duitsland
www.matthiasfiedler.net

Productie en druk:
Zie tekst op de laatste bladzijde

Cover ontwerp: Matthias Fiedler
Productie van het e-boek: Matthias Fiedler

Alle rechten voorbehouden.

ISBN-13 (Paperback): 978-3-947082-15-5
ISBN-13 (E-Book mobi): 978-3-947082-16-2
ISBN-13 (E-Book epub): 978-3-947082-17-9

Dit werk, met inbegrip van al zijn onderdelen, is auteursrechtelijk
beschermd. Elk gebruik (ook van delen uit dit werk) zonder de
uitdrukkelijke schriftelijke toestemming van de auteur is verboden
en strafbaar. Dit geldt met name voor het elektronisch of op andere
wijze kopiëren, reproduceren, vertalen, opslag, verwerking,
distributie en openbaarmaking onder eender welke vorm
(bijvoorbeeld door middel van fotografie, microfilm of een andere
methode).

Bibliografische informatie van de Duitse Nationale Bibliotheek:
Deze publicatie is opgenomen in de Duitse Nationale Bibliotheek.
Gedetailleerde bibliografische gegevens zijn beschikbaar op het
internet via http://dnb.d-nb.de.

INHOUDSOPGAVE

In dit boek wordt een revolutionair concept voor een wereldwijd vastgoedmatching portaal (App - Applicatie) met berekening van het aanzienlijke omzetpotentieel (miljarden euro) uiteengezet, die in een software voor vastgoedmakelaars, met onder meer de taxatie van vastgoed, is geïntegreerd (miljarden euro omzetpotentieel).

Hierdoor is het mogelijk om woningen en commercieel vastgoed, verhuurd of zelf-bewoond, efficiënt en tijdbesparend te bemiddelen. Het is de toekomst van de innovatieve en professionele vastgoed makelaardij voor alle makelaars en geïnteresseerden in vastgoed. Vastgoedmatching werkt in bijna elk land en zelfs tussen de landen.

In plaats van het vastgoed aan de koper of huurder "voor te stellen", worden bij een vastgoedmatching portaal de geïnteresseerden in vastgoed ingedeeld (zoekprofiel) en vergeleken voor overeenstemming met de kenmerken van het door de makelaar te bemiddelen vastgoed.

INHOUD

VOORWOORD

Het hier beschreven idee van innovatieve vastgoedmatching, heb ik in 2011 bedacht en uitgewerkt.

Ik ben sinds 1998 in de vastgoedsector actief (o.a. met vastgoed makelaardij, aankoop en verkoop, taxatie, verhuur en vastgoedontwikkeling). Ik ben onder andere vastgoed professional (IHK), afgestudeerd vastgoed economist (ADI) en expert voor de taxatie van onroerend goed (DEKRA) en lid van de internationaal erkende vastgoed associatie van de Royal Institution of Chartered Surveyors (MRICS).

Matthias Fiedler
Korschenbroich, 31 oktober 2016
www.matthiasfiedler.net

1. Idee voor innovatieve vastgoedmatching: Vastgoed makelaardij eenvoudig gemaakt

Vastgoedmatching: Efficiënte, eenvoudige en professionele vastgoed makelaardij met een innovatief vastgoedmatching portaal

In plaats van het vastgoed aan de koper of huurder "voor te stellen", worden bij een vastgoedmatching portaal (App - applicatie) de geïnteresseerden in vastgoed ingedeeld (zoekprofiel) en vergeleken voor overeenstemming met de kenmerken van het door de makelaar te bemiddelen vastgoed.

2. Doel van de geïnteresseerden in vastgoed en de aanbieders van vastgoed

Vanuit het perspectief van een vastgoed verkopers en verhuurders, is het belangrijk om zijn vastgoed zo snel mogelijk en tegen een zo hoog mogelijke prijs te verkopen of te verhuren.

Vanuit het perspectief van de kopers en huurders, is het belangrijk om vastgoed te vinden dat aan zijn wensen beantwoordt en om snel en probleemloos te kunnen kopen of huren.

3. Huidige werkwijze bij het zoeken van vastgoed

Geïnteresseerden in vastgoed gaan over het algemeen de grote vastgoed portalen in de door hun gewenste regio op het internet raadplegen. Daar kunnen ze vastgoed gegevens, bijvoorbeeld een lijst met relevante links naar vastgoed, per e-mail naar zich laten toesturen wanneer ze een kort zoekprofiel hebben aangemaakt. Dit gebeurt vaak op 2-3 vastgoed portalen. Daaropvolgend wordt de aanbieder meestal per e-mail gecontracteerd. Dit geeft de aanbieder de mogelijkheid en toestemming om contact op te nemen met de geïnteresseerde.

Bovendien gaat de geïnteresseerde individuele vastgoedmakelaars in de gewenste regio contacteren en het zoekprofiel wordt daarbij dikwijls terzijde gelaten.

Bij de aanbieders op de vastgoed portalen gaat het om particuliere en commerciële aanbieders.

Commerciële aanbieders zijn overwegend vastgoedmakelaars en gedeeltelijk aannemers, vastgoedhandelaars en andere bedrijven in onroerend goed (commerciële aanbieders worden verder aangeduid als makelaars).

4. Nadeel particuliere aanbieder / voordeel vastgoedmakelaar

Bij het kopen van vastgoed is bij een particuliere verkoop een onmiddellijke verkoop niet altijd gegarandeerd, zoals bijvoorbeeld bij onenigheid tussen erfgenamen of een ontbrekende verklaring van erfrecht bij een geërfd goed. Bovendien kunnen onopgeloste juridische kwesties, zoals onder meer een woonrecht, een verkoop compliceren.

Voor gehuurd vastgoed kan het gebeuren dat de particuliere verhuurder de wettelijke goedkeuringen niet heeft verkregen, bijvoorbeeld als een commercieel vastgoed (gebied) als woning moet worden verhuurd.

Wanneer een makelaar als aanbieder handelt, heeft deze de bovengenoemde aspecten in het algemeen reeds opgelost. Bovendien zijn vaak alle relevante vastgoeddocumenten (grondplan, liggingsplan, energieprestatiecertificaat, kadaster, officiële documenten, enz.) reeds klaar. –Een verkoop of verhuur kan alzo snel en zonder complicaties gebeuren.

5. Vastgoedmatching

Om snel en efficiënt tot een match te komen tussen geïnteresseerden en verkopers of verhuurders, is het meestal belangrijk om een systematische en professionele aanpak te bieden.

Dit wordt hier gedaan door een omgekeerde manier van werken of verloop van het zoeken en vinden tussen vastgoedmakelaars en geïnteresseerden. Dat wil zeggen dat in plaats van het vastgoed aan de koper of huurder "voor te stellen", er bij een vastgoedmatching portaal (App - applicatie) de geïnteresseerden in vastgoed worden ingedeeld (zoekprofiel) en vergeleken voor overeenstemming met de kenmerken van het door de makelaar te bemiddelen vastgoed.

In de eerste stap maken de geïnteresseerden een specifiek zoekprofiel in het vastgoed portaal aan. Dit zoekprofiel bestaat uit 20 kenmerken. Onder andere de volgende kenmerken (geen volledige lijst) zijn essentieel voor het zoekprofiel.

- Regio / Postcode / Plaats
- Soort vastgoed
- Oppervlakte van het terrein
- Woonoppervlak
- Verkoop-/Huurprijs
- Bouwjaar
- Verdiepingen
- Aantal kamers
- Verhuurd (ja:nee)
- Kelder (ja/nee)
- Balkon/Terras (ja/nee)
- Type verwarming
- Parkeerplaats (ja/nee)

Hierbij is het belangrijk dat de kenmerken niet vrij worden ingegeven, maar door te klikken op of het openen van het respectievelijke kenmerken veld (zoals soort vastgoed) en te kiezen uit een lijst met vooraf gedefinieerde mogelijkheden/opties (bijvoorbeeld soort vastgoed: appartement, huis, magazijn, kantoor ...).

Optioneel kunnen geïnteresseerden extra zoekprofielen aanmaken. Het is eveneens mogelijk om het zoekprofiel te wijzigen.

De geïnteresseerde vult bovendien zijn volledige contactgegevens in de hiertoe voorziene velden in. Dat betekent naam, voornaam, straat, huisnummer, postcode, plaats, telefoonnummer en e-mail.

In deze context geven de geïnteresseerden hun toestemming om te worden gecontacteerd en om passend(e) vastgoed(voorstellen) vanwege de vastgoedmakelaar te ontvangen.

De geïnteresseerden sluiten met de uitbater van het vastgoedmatching portaal hierover een overeenkomst af.

In de volgende stap stellen we de zoekprofielen via een programma-interface (API - Application Programming Interface) - vergelijkbaar met bijvoorbeeld de programma-interface 'openimmo' in Duitsland - nog niet zichtbaar ter beschikking van de vastgoedmakelaars. Hiertoe dient te worden opgemerkt dat deze programma-interface - quasi de sleutel voor de omzetting - vrijwel elke in de praktijk beschikbare software voor vastgoedmakelaars moet ondersteunen en voor de overdracht moet zorgen. Indien niet, moet dit technisch mogelijk worden gemaakt. –Aangezien de overdracht van het zoekprofiel naar alle programma-interfaces, zoals de bovengenoemde programma-interface "openmmo" en andere programma-interfaces, die in de praktijk beschikbaar zijn, mogelijk moet zijn.

De vastgoedmakelaars gaan nu hun te bemiddelen vastgoed met de zoekprofielen vergelijken. Hiertoe wordt het vastgoed in het vastgoedmatching portaal ingevoerd en de bijpassende kenmerken vergeleken en aan elkaar gekoppeld.

Na een succesvolle vergelijking wordt er een match bekend gemaakt, uitgedrukt in percent. – Vanaf een match van bijvoorbeeld 50%, worden de zoekprofielen in de software van de vastgoedmakelaar zichtbaar.

De verschillende kenmerken worden hierbij tegenover elkaar afgewogen (puntensysteem), zodat na vergelijking van de kenmerken een procentuele kans voor een match (waarschijnlijkheid van overeenstemming) wordt bekomen. –Het kenmerk 'soort vastgoed' heeft bijvoorbeeld meer gewicht dan het kenmerk 'woonoppervlak'. Daarnaast kunnen bepaalde functies (bijvoorbeeld kelder) worden gekozen, die het vastgoed absoluut moet hebben.

Bij de vergelijking van de kenmerken voor de matching, moet er worden op gelet om de vastgoedmakelaar enkel toegang te geven tot de gewenste (geboekte) regio. Dit vermindert de werklast bij de vergelijking van de gegevens. Vooral omdat de respectievelijke vastgoedmakelaars vaak regionaal opereren. – Hierbij moet worden opgemerkt dat door de zogenaamde 'cloud' de opslag en verwerking van grote hoeveelheden gegevens mogelijk is.

Om een professionele vastgoed bemiddeling te garanderen, krijgen enkel vastgoedmakelaars toegang tot de zoekprofielen.

De vastgoedmakelaars sluiten met de uitbater van het vastgoedmatching portaal hiertoe een overeenkomst af.
Na elke vergelijking/matching kan de vastgoedmakelaar contact opnemen met de geïnteresseerden en omgekeerd de

geïnteresseerden met de vastgoedmakelaar. Dit betekent ook dat wanneer de vastgoedmakelaar de geïnteresseerde een samenvatting heeft opgestuurd, dit in geval van verkoop of verhuur het bewijs van activiteit uitmaakt voor aanspraak op zijn makelaarsvergoeding.

Dit veronderstelt dat de vastgoedmakelaar vanwege de eigenaar (verkoper of verhuurder) is belast met de bemiddeling van het vastgoed of de toestemming heeft gekregen om het vastgoed aan te bieden.

6. Toepassingen

De hierin beschreven vastgoedmatching is van toepassing op vastgoed voor verkoop of verhuur in de residentiële en commerciële vastgoedsector. Voor zakelijk vastgoed zijn er extra kenmerken voor het vastgoed vereist.

Aan de kant van de geïnteresseerden kan, zoals in de praktijk trouwens, dit ook een vastgoedmakelaar zijn, als deze bijvoorbeeld in opdracht van de klant handelt.

Ruimtelijk bekeken, kan het vastgoedmatching portaal naar bijna elk land worden overgedragen.

7. Voordelen

Deze vastgoedmatching biedt grote voordelen voor de geïnteresseerden, wanneer ze bijvoorbeeld in hun eigen regio (woonplaats) of bij een verandering in hun loopbaan in een andere stad/regio, naar vastgoed op zoek gaan.

Ze maken slechts één keer hun zoekprofiel aan en ontvangen van de vastgoedmakelaars in de gewenste regio passend vastgoed toegestuurd.

Voor de vastgoedmakelaars biedt dit grote voordelen in termen van efficiëntie en tijdsbesparing bij de verkoop of verhuur.

Ze krijgen direct een overzicht van hoe hoog het concreet aantal mogelijke geïnteresseerden is voor elk van de door hen aangeboden vastgoed.

Bovendien kunnen de vastgoedmakelaars rechtstreeks contact opnemen met hun doelgroep, die door het aanmaken van een concreet zoekprofiel zich een concreet beeld vormt van het gewenste vastgoed (onder andere door het verzenden van de samenvatting van het vastgoed).

Hierdoor neemt de kwaliteit van de contacten met de geïnteresseerden toe, die weten wat ze zoeken. Dit vermindert het aantal opeenvolgende bezichtigingen. –Zo wordt de gehele marketingperiode voor het te bemiddelen vastgoed ingekort.

Aansluitend aan de bezichtiging van het te bemiddelen vastgoed door de geïnteresseerden, volgt - zoals gebruikelijk - het afsluiten van een koop- of huurovereenkomst.

8. Voorbeeldberekening (potentieel) – Alleen zelf bewoonde appartementen en huizen (zonder verhuurde appartementen en huizen evenals commercieel vastgoed)

Uit het volgende voorbeeld wordt het duidelijk welk potentieel het vastgoedmatching portaal heeft.

In een woongebied met 250.000 inwoners, zoals Mönchengladbach, zijn er statistisch afgerond 125.000 huishoudens (2 inwoners per huishouden). Het gemiddelde verhuispercentage bedraagt ongeveer 10%. Zo verhuizen per jaar 12.500 huishoudens. –Hierbij werd geen rekening gehouden met het saldo tussen diegenen die uit Mönchengladbach vertrekken en zij die ernaartoe komen. –Hiervan zoeken ongeveer 10.000 huishoudens (80%) een vastgoed om te huren en 2500 huishoudens (20%) een vastgoed om te kopen.

Volgens het vastgoedmarktrapport van de commissie van deskundigen van de stad Mönchengladbach, waren er in 2012 2.613 verkopen van vastgoed. –Dit bevestigt het eerder genoemde aantal van 2500 potentiële kopers. Dat zal eigenlijk meer zijn, omdat bijvoorbeeld niet elke geïnteresseerde zijn vastgoed gevonden heeft. Het aantal daadwerkelijke geïnteresseerden, of concreet het aantal zoekprofielen, zal naar schatting tweemaal zo hoog zijn als het gemiddelde verhuispercentage van ongeveer 10%, namelijk 25.000 zoekprofielen. Dit impliceert onder meer dat de geïnteresseerden meerdere zoekprofielen in het vastgoedmatching portaal aanmaken.

Het vermelden waard is dat tot nu toe is gebleken dat ongeveer de helft van alle geïnteresseerden (kopers en huurders) hun vastgoed via een vastgoedmakelaar hebben gevonden, dus een totaal van 6.250 huishoudens.

Ervaring leert ons dat ten minste 70% van alle huishoudens op vastgoed portalen op het internet hebben gezocht, dus een totaal van 8.750 huishoudens (gelijk aan 17.500 zoekprofielen).

Als 30% van alle geïnteresseerden, dat wil zeggen 3.750 huishoudens (equivalent aan 7500 zoekprofielen), in een stad als Mönchengladbach hun zoekprofiel op het vastgoedmatching portaal (App - applicatie) aanmaken, dan kunnen de aangesloten makelaars per jaar aan 1500 concrete zoekprofielen (20%) van potentiële kopers en aan 6.000 concrete zoekprofielen (80%) van potentiële huurders, hun passend vastgoed aanbieden.

Dat wil zeggen voor een gemiddelde zoektijd van 10 maanden en een voorbeeldprijs van 50 € per maand voor elk zoekprofiel dat door de geïnteresseerden wordt aangemaakt, dit resulteert in 7500 zoekprofielen met een potentiële omzet van 3.750.000 € per jaar in een stad met 250.000 inwoners.

In een extrapolatie naar de Bondsrepubliek Duitsland met afgerond 80.000.000 (80 miljoen) inwoners, geeft dit een omzetpotentieel van 1.200.000.000 € (1,2 miljard €) per jaar. –Als in plaats van 30% van alle geïnteresseerden, bijvoorbeeld 40% van alle geïnteresseerden hun vastgoed via het vastgoedmatching portaal zoeken, neemt de potentiële omzet toe tot 1.600.000.000 € (1,6 miljard €) per jaar.

Deze potentiële omzet geldt alleen voor de zelfbewoonde appartementen en huizen. Verhuur- of vastgoedbeleggingen in de woningsector en de hele commerciële vastgoedsector zijn niet opgenomen in deze berekening van het potentieel.

Met een aantal van ongeveer 50.000 bedrijven in Duitsland in de vastgoed makelaardij (met inbegrip van de deelnemende aannemers, vastgoedmakelaars en andere vastgoedbedrijven) met circa 200.000 werknemers en een voorbeeldpercentage van 20% van deze 50.000 bedrijven die gebruik maken van dit vastgoedmatching portaal met een gemiddelde van 2 licenties, resulteert dit met een voorbeeldprijs van 300 € per maand per licentie, in een potentiële omzet van 72.000.000 € (72 miljoen €) per jaar. Bovendien kan een regionale boeking voor lokale zoekprofielen worden gedaan, zodat hier volgens het ontwerp een verder aanzienlijk omzetpotentieel wordt gegenereerd.

De vastgoedmakelaars moeten door dit grote potentieel aan geïnteresseerden met specifieke zoekprofielen, hun eigen prospectiedatabank - indien beschikbaar - niet langer permanent bijhouden. Vooral omdat dit aantal actuele zoekprofielen, het aantal dat zich in de database van aangemaakte profielen van vele vastgoedmakelaars bevindt, zeer waarschijnlijk zal overschrijden.

Als dit innovatief vastgoedmatching portaal in meerdere landen zou worden gebruikt, kunnen bijvoorbeeld geïnteresseerde kopers uit Duitsland een zoekprofiel aanmaken voor een vakantie appartement op het Spaanse eiland Mallorca (Spanje) en de in Mallorca aangesloten vastgoedmakelaars kunnen elk passend appartement aan hun Duitse potentiële klanten via e-mail voorstellen. –Als de verzonden vastgoed samenvattingen in het Spaans zijn geschreven, kunnen de geïnteresseerden tegenwoordig in zeer korte tijd de tekst in het Duits vertalen met behulp van vertaalprogramma's op het internet.

Om het matchen van de zoekprofielen met het te bemiddelen vastgoed taal overschrijdend te kunnen uitvoeren, kan binnen het vastgoedmatching portaal een vergelijking van de betrokken kenmerken worden gemaakt op basis van de geprogrammeerde (mathematische) kenmerken - los van de taal - en die betrokken taal wordt vervolgens toegewezen.

Bij toepassing van het vastgoedmatching portaal op alle continenten, wordt de eerder genoemde potentiële omzet (enkel zoek geïnteresseerden) door zeer simplistische extrapolatie de volgende.

Wereldbevolking:

7.500.000.000 (7,5 miljard) inwoners

1. Bevolking en in de geïndustrialiseerde landen en grotendeels geïndustrialiseerde landen:

2.000.000.000 (2,0 miljard) inwoners

2. Bevolking in groeilanden:

   4.000.000.000 (4,0 miljard) inwoners

3. Bevolking in ontwikkelingslanden:

   1.500.000.000 (1,5 miljard) inwoners

De jaarlijkse potentiële omzet van de Bondsrepubliek Duitsland bedraagt 1,2 miljard € voor 80 miljoen inwoners en werd met de volgende veronderstelde factoren op de geïndustrialiseerde, groei- en ontwikkelingslanden geëxtrapoleerd.

1. Geïndustrialiseerde landen: 1,0

2. Groeilanden: 0,4

3. Ontwikkelingslanden: 0,1

Dit resulteert in de volgende jaarlijkse potentiële omzet (1,2 miljard € x bevolking (geïndustrialiseerde, groei- en ontwikkelingslanden) / 80 miljoen inwoners x factor).

1. Geïndustrialiseerde landen: 30,00 miljard €

2. Groeilanden: 24,00 miljard €

3. Ontwikkelingslanden: 2,25 miljard €

Totaal: **56,25 miljard €**

9. Conclusie

Dit voorgestelde vastgoedmatching portaal biedt belangrijke voordelen aan zij die een vastgoed zoeken (geïnteresseerden) en aan de vastgoedmakelaars.

1. De geïnteresseerden verminderen aanzienlijk de tijd die nodig is voor het zoeken van een geschikt vastgoed, omdat de geïnteresseerden hun zoekprofiel slechts één kaar moeten aanmaken.

2. De vastgoedmakelaars krijgen een algemeen overzicht van het aantal geïnteresseerden die reeds concrete wensen hebben (zoekprofiel).

3. De geïnteresseerden ontvangen alleen gewenst d.w.z. geschikt vastgoed (volgens hun zoekprofiel) gepresenteerd door alle vastgoedmakelaars (een quasi automatische preselectie).

4. De vastgoedmakelaars verminderen hun kosten voor de zorg van hun individuele database met zoekprofielen, omdat een zeer groot aantal van de huidige zoekprofielen permanent beschikbaar is.

5. Omdat enkel commerciële aanbieders/vastgoedmakelaars bij het vastgoedmatching portaal zijn aangesloten, hebben de geïnteresseerden met professionele en vaak ervaren vastgoedmakelaars te maken.

6. De vastgoedmakelaar vermindert het aantal bezichtigingen en de totale marketingsduur. Het vermindert op zijn beurt ook voor de geïnteresseerden het aantal bezichtigingen en de tijd die nodig is om een koop of huurovereenkomst af te sluiten.

7. De eigenaar van het te verkopen en te verhuren vastgoed wint eveneens tijd. Bovendien is een verminderde leegstand

voor huurwoningen en een eerdere betaling van de aankoopprijs bij de aankoop van vastgoed, vanwege een snellere verhuur of verkoop, ook een financieel voordeel.

Met de realisatie en uitvoering van dit idee van een vastgoedmatching portaal, kan een belangrijke stap vooruit in de vastgoed makelaardij worden gemaakt.

10. Integratie van het vastgoedmatching portaal in een nieuwe software voor vastgoedmakelaars met onder meer de taxatie van vastgoed

Als afronding kan of moet het hierin beschreven vastgoedmatching portaal vanaf de aanvang een wezenlijk bestanddeel zijn van een, idealiter wereldwijd bruikbaar, software voor vastgoedmakelaars. Dit betekent dat de vastgoedmakelaar het vastgoedmatching portaal in aanvulling op hun eigen software voor vastgoed, of idealiter de nieuwe software voor vastgoedmakelaars, samen met het vastgoedmatching portaal kunnen gebruiken.

Door de integratie van dit efficiënte en innovatieve vastgoedmatching portaal in de eigen software voor vastgoedmakelaars, wordt een fundamenteel verkoopargument voor de software voor vastgoedmakelaars geschapen, die essentieel zal zijn voor de marktpenetratie.

Omdat in vastgoed bemiddeling de taxatie van vastgoed altijd een essentieel onderdeel is en blijft, moet onbedingt een vastgoed taxatietool in de software voor vastgoedmakelaars worden geïntegreerd. De taxatie van vastgoed met de bijbehorende berekeningsregels, kan via links tot de relevante gegevens/parameters van het ingevoerd/aangemaakt vastgoed van de vastgoedmakelaar toegang krijgen. Ontbrekende parameters worden desgevallend door de makelaar op basis van zijn eigen regionale marktkennis toegevoegd.

Bovendien moet de software voor vastgoedmakelaars de mogelijkheid hebben om zogenaamde virtuele vastgoed bezichtigingen van het bemiddelde vastgoed te integreren. Dit kan bijvoorbeeld aansluitend vereenvoudigd omgezet worden in een voor de mobiele telefoon en/of tablet bijkomend ontwikkelde App (applicatie), die na een succesvolle opname van de virtuele vastgoed bezichtiging, dit vervolgens automatisch in de software van de vastgoedmakelaar integreert (inbed).

Voor zover dit efficiënte en innovatieve vastgoedmatching portaal in een nieuwe software voor vastgoedmakelaars samen met de taxatie van vastgoed wordt geïntegreerd, gaat het mogelijke omzetpotentieel daardoor nogmaals aanzienlijk toenemen.

Matthias Fiedler

Korschenbroich, Op 31 oktober 2016

Matthias Fiedler

Erika-von-Brockdorff-Str. 19

41352 Korschenbroich

Duitsland

www.matthiasfiedler.net

www.ingramcontent.com/pod-product-compliance
Lightning Source LLC
Chambersburg PA
CBHW071528210326
41597CB00018B/2921